No. 7. — Le 16 Juillet 1886

AF224141

MÉMOIRES

D'UN

EX-FONCTIONNAIRE CONFIDENTIEL DU MINISTÈRE DE L'INTÉRIEUR

SUR LE

PERSONNEL GOUVERNEMENTAL

DE LA

RÉPUBLIQUE

SEPTIÈME LIVRAISON

Prix de la Livraison : 60 CENTIMES

TOUS DROITS RÉSERVÉS

IMPRIMERIE WERTHEIMER, LEA ET CIE, CIRCUS PLACE, LONDON WALL LONDRES.

PAR ABONNEMENT

24 Livraisons ... ... **12** francs

Adresser tous Mandats à MM. WERTHEIMER, LEA ET CIE, CIRCUS PLACE, LONDON WALL, LONDRES.

EN VENTE

A PARIS :

CHEZ MARPON & FLAMMARION, LIBRAIRES, BOULEVARD DES ITALIENS ;

ET CHEZ BONNEFOND, LIBRAIRE, PASSAGE JOUFFROY, 50 et 52

A LONDRES :

CHEZ PETITJEAN, LIBRAIRE, 39, OLD COMPTON STREET, W.

MÉMOIRES

D'UN

EX-FONCTIONNAIRE CONFIDENTIEL DU MINISTÈRE DE L'INTÉRIEUR

SUR LE

PERSONNEL GOUVERNEMENTAL DE LA RÉPUBLIQUE

No. 7. 16 JUILLET 1886 VOL. I.

TABLE DES MATIÈRES

M. CONSTANS

LES ACTIONS DU " VOLTAIRE."

UNE BIEN JOLIE MANŒUVRE DES COMPÈRES LAFITTE ET CONSTANS.

Mr. P... G...

Le 28 avril 1881, vers dix heures du matin, je me rendis comme à l'ordinaire, à l'hôtel Beauvau, pour voir le Ministre de l'Intérieur, qui était revenu la veille de Toulouse et qui voulut bien me recevoir, sans me faire attendre, avant les quémandeurs qui encombraient déjà l'antichambre de son cabinet,

Je trouvai M. Constans d'une humeur charmante, roulant entre ses doigts une cigarette, et fredonnant gaiement un verset patois d'une chanson du *pays*.

Après m'avoir serré la main et s'être gracieusement enquis de l'état de ma santé, il s'empressa de me raconter qu'il avait été très bien reçu à Toulouse, non seulement par le Préfet, M. Merlin, et les autorités officielles, mais encore par le maire, M. Cazabon, son ancien concurrent, dont l'amabilité l'avait particulièrement touché.

Le Ministre m'affirma aussi que sa situation était toujours très forte dans le chef-lieu de la Haute-Garonne, et que tous les efforts de ses adversaires échoueraient contre sa grande popularité.

J'avais alors pour ami un fabricant, très riche et très ambitieux, qui désirait obtenir du Gouvernement une faveur spéciale et à qui j'avais à peu près promis le puissant concours de M. Constans.

Je crus donc que je devais profiter des dispositions aussi joyeuses que bienveillantes du Ministre, pour lui recommander ce très notable industriel, et, au moment où j'allais quitter son cabinet, je lui demandai, sans affectation, si je pouvais le lui présenter dans la journée (car il se trouvait accidentellement à Paris), en lui faisant bien remarquer que, comme il jouissait dans son département d'une incontestable influence, il pourrait se rendre très utile à l'époque des élections.

"Revenez avec lui à trois heures et demie," telle fut à ma grande satisfaction la réponse de M. Constans.

Bien entendu, à l'heure indiquée, nous pénétrions, mon ami et moi, dans la salle d'attente de l'hôtel Beauvau, au moment même où le Ministre revenant de l'Elysée, entrait dans son cabinet.

Je fis passer ma carte par l'huissier de service, et quelques minutes après, nous étions reçus par M. Constans.

La présentation de mon industriel, que je crois ne devoir désigner que par les initiales P... G..., fut vite faite.

Le Ministre connaissant l'objet de sa visite que je lui avais soumis le matin même en quelques mots, ne le questionna que fort peu à ce sujet, et se borna à lui dire que je lui avais chaleureusement recommandé sa requête et qu'il ferait tout son possible pour la faire réussir. Il ajouta, toutefois, que, sachant la haute situation qu'il occupait dans son département, il ferait probablement appel à son dévouement politique, et peut-être même aux ressources de sa bourse, au moment des élections générales, afin d'assurer le succès des candidats du Gouvernement.

Or, comme Mr. P... G... répondit sans hésiter, qu'il allait se tenir entièrement à sa disposition et que tout son concours était acquis d'avance au Ministère :

"Alors, s'écria joyeusement le Ministre, en lui tendant la main, ce sera *donnant donnant*; le Gouvernement, vous pouvez y compter, fera droit à votre demande."

Après cet échange de promesses, M. Constans et Mr. P... G... se quittaient enchantés l'un de l'autre; le dernier surtout, très flatté et très satisfait de l'accueil qu'il avait reçu, faisait éclater hautement sa gratitude en me remerciant très chaleureusement de ce qu'il voulait bien appeler ma puissante intervention.

Je passerai sous silence les démarches successives que je tentai auprès du Ministre de l'Intérieur pour lui rappeler ses promesses, et l'engager à les mettre à exécution; je ne dirai rien non plus des incidents plus ou moins grotesques que fit naître volontairement et dans un but intéressé que le lecteur ne tardera pas à comprendre, que fit naître, dis-je, M. Constans pour retarder le succès de la requête de mon ami. J'ai, en effet, consigné tous ces faits dans une histoire particulière dont je ferai probablement la publication après celle de cette partie de mes mémoires; et c'est pourquoi je ne vais m'occuper que de la transaction honteuse que j'ai indiquée dans le titre de ce chapitre, laquelle fut l'œuvre des deux sinistres compères Lafitte et Constans.

* * *

Le 14 novembre 1881, le Ministère Ferry avait cédé la place au grand Ministère présidé par Gambetta, et l'histrion Waldeck-Rousseau avait remplacé à l'hôtel Beauvau le très habile, mais peu scrupuleux, député de la Haute-Garonne.

Celui-ci s'était retiré non pas dans une chaumière, mais dans ce légendaire rez-de-chaussée de la rue Miroménil qu'il habite encore, et que ses honnêtes économies et de très gros bénéfices opérés sur les Suez lui avaient permis de transformer en demeure princière, en y accumulant, avec des objets d'art remarquables, des meubles et des tableaux de prix, tous les éléments de plaisir et de confort qui peuvent contribuer aux joies et au bonheur de la vie.

C'est là, qu'oubliant ses tracas et sa misère d'antan, ce parvenu, ce ventru, après s'être débarbouillé des souillures qui lui étaient restées des fosses mobiles catalanes, et avoir bien compté, empilé, mis de côté les écus que lui avaient procurés son passage au Ministère de l'Intérieur et son association occulte avec le tripoteur Lebaudy, c'est là, dis-je, que ce gredin politique enrichi, comblé de toutes sortes de faveurs, mais non satisfait, allait, aidé de son fidèle Granet, et d'autres vauriens, ses comparses, intriguer de nouveau dans l'ombre, pour reconquérir le pouvoir, s'il était possible, et dans tous les cas pour arrondir encore la fortune inespérée qu'il venait d'acquérir.

D'autre part, dans un but intéressé que le lecteur ne tardera pas de deviner, l'ex-Ministre, redevenu simple député, parut subitement se souvenir des promesses qu'il avait faites à Mr. P... G... et vouloir consacrer à la réalisation de ses désirs une partie des loisirs que lui avaient laissés la perte du pouvoir.

Ainsi, le 19 décembre, un mois à peine après la chute du Ministère Ferry, M. Constans, qui m'avait fait écrire la veille par son secrétaire de passer chez lui, prit la peine de venir me chercher à l'hôtel Beauvau, où, ne m'ayant pas trouvé, il chargea un frotteur du Ministère, son ex-valet de chambre, Durand, de me dire qu'il désirait me voir sans retard, pour me faire une communication importante.

Donc, ce même jour, à midi, après avoir vu Waldeck-Rousseau qui venait de me manifester toute sa satisfaction de l'échec de la candidature Humbert à Lyon, je me rendis, avec empressement, auprès de l'ex-Excellence qui me reçut sur-le-champ.

M. Constans m'accueillit avec son affabilité de commande habituelle ; toutefois, il me parut plus gracieux qu'à l'ordinaire ; plus empressé à me tendre la main et à me faire asseoir, enfin plus familier, plus *bonhomme* qu'il ne s'était montré à l'hôtel Beauvau, même dans les jours de sa meilleure humeur.

Nous échangeâmes les compliments d'usage, puis à brûle-pourpoint, sans aucun préambule, le député de Toulouse me demanda si Mr. P... G... ambitionnait toujours la faveur qu'il avait sollicitée ; et comme ma réponse fut naturellement affirmative, voici à peu près textuellement ce qu'il me dit, ou mieux ce qu'il me proposa :

" Je suis en mesure d'offrir à votre ami une part dans la propriété du *Voltaire*, et cela très probablement en échange de la distinction qu'il attend du Gouvernement. M. Lafitte, qui a besoin d'argent pour faire marcher son journal, lui céderait en effet une centaine de ses actions au pair et au comptant. Or, si Mr. P... G... vient à s'en rendre acquéreur, non seulement il entrera de droit dans l'administration du *Voltaire*, mais encore il aura cette feuille à sa disposition, ainsi que l'appui de son directeur qui est au mieux avec le Ministère opportuniste."

Je répondis à M. Constans que mon ami se trouvant justement à Paris, j'allais lui communiquer de suite sa proposition et que si, comme je le pensais, il y donnait son assentiment, je reviendrais avec lui vers six heures, à la rue Miroménil, afin qu'il pût la lui confirmer de vive voix et lui en faire valoir les avantages.

A six heures présises, Mr. P... G... et moi, nous étions chez M. Constans.

L'ex-Ministre renouvela sa proposition au sujet du *Voltaire*, mais contrairement à ce qu'il m'avait dit le matin, il exposa à mon ami, que M. Lafitte voulant se séparer d'un actionnaire qui avait dans le journal une part de 150,000 francs, demandait cette somme afin de pouvoir le rembourser et l'éliminer ainsi de l'administration de la feuille opportuniste. Il ajouta que le *Voltaire* faisait à peu *près ses frais* et que rien ne l'empêcherait de réaliser de gros bénéfices comme ses confrères, le jour où son directeur se déciderait à vendre le Bulletin financier.

Mr. P... G... qui, d'après mes communications, ne s'attendait pas à cette demande de 150,000 francs, ne répondit d'abord que d'une façon évasive ; mais pressé par M. Constans, qui ne manqua pas de lui dire que la faveur qu'il sollicitait serait sûrement le prix de ce concours, il consentit à rencontrer M. Lafitte le lendemain, à deux heures, au siège du journal, rue du Faubourg-Montmartre, n° 17.

Mon ami vit donc le lendemain, à l'heure convenue, le directeur du *Voltaire* qui ne put, malgré ses instances, le décider à prendre la place du soi-disant gros actionnaire qu'il fallait évincer moyennant un versement immédiat de *cent cinquante mille francs.*

Tout ce que M. Lafitte put obtenir de Mr. P... G... ce fut qu'il lui prendrait au pair et au comptant, c'est-à-dire à cinq cents francs, soixante de ses actions personnelles.

Or, ces actions n'avaient, à ce moment, qu'une valeur nominative, et il est douteux qu'elles eussent trouvé, à la Bourse, des acquéreurs même au prix fantaisiste de trente-cinq francs.

Comme on le voit, le directeur du *Voltaire* avait bien terminé la partie commencée par son Compère Constans et ainsi que je vais le démontrer, ils eurent le droit, l'un et l'autre, de se frotter joyeusement les mains aux dépens de ce naïf qui n'avait pas eu assez de flair pour découvrir le dessous des cartes.

Quand mon ami me fit conn aître le résultat de son entrevue avec M. Lafitte, je devins furieux et je lui déclarai énergiquement qu'il ne devait pas donner suite au marché convenu et que je ne permettrais pas qu'il devînt acquéreur des soixante actions que ce farceur du *Voltaire voulait bien lui céder au pair;* mais il m'objecta qu'il avait donné sa parole et que dût-il tout perdre, il la tiendrait fidèlement, en ajoutant que comme la moitié seule avait été versée sur ces titres, il ne s'agissait que d'une somme de quinze mille francs, ce qui n'était rien pour lui.

On va voir bientôt que M. Lafitte exigea le paiement intégral des soixante actions, c'est-à-dire trente mille francs, et que Mr. P... G... qui connaissait toute l'indignation que m'avait causée une telle transaction, voulut bien, dans ses lettres, en dégager entièrement ma responsabilité.

Mon ami devint donc acquéreur de soixante actions *personnelles* de M. Lafitte. Mais, comme il y avait eu certain tiraillement, et que Mr. P... G..., en présence de mes observations, avait hésité assez long-temps avant de donner une réponse définitive, ce ne fut que dans les premiers jours du mois de février 1882 que l'affaire fut définitivement conclue.

Le 11 février, Mr. P... G... m'écrivait ce qui suit :

" Mon cher ami,

" Vous me dites dans votre dernière lettre, soixante actions du *Voltaire,* cela fait 30,000 francs, c'est bien cela ; mais, comme il n'y a que la moitié de versée, ce n'est donc que 15,000 francs à donner pour le moment ; informez-vous, je vous prie, afin qu'en arrivant à Paris, je sois fixé,... mais je me rappelle que M. Buette (alors action-naire du *Voltaire*) m'a dit cela"

Au lieu de m'informer, comme le désirait mon ami, je lui écrivis une lettre dans laquelle je lui exposais de nouveau qu'à mon avis les actions du *Voltaire* n'avaient aucune valeur réelle, et que sous aucun prétexte il ne devait souscrire à la proposition qui lui avait été faite par M. Constans ; mais il me répondit encore que sa parole était don-née, qu'il ne pouvait y manquer, et que d'ailleurs il dégageait entière-ment ma responsabilité.

Toutefois, je revis l'ex-Ministre de l'Intérieur qui me déclara, *ce faux bonhomme,* qu'il pensait comme Mr. P... G... que le montant inté-gral des actions ne devait pas être versé, et que M. Lafitte ne pouvait exiger que quinze mille francs. En même temps, il me pria de dire à mon ami qu'une fois le transfert opéré, il aurait à lui donner une pro-curation afin qu'il pût le représenter au comité administratif du jour-nal. Mais ce n'était là qu'un piège tendu à la naïve confiance et à l'am-bition généreuse bien connue de Mr. P... G...

En effet, M. Constans n'étant pas actionnaire du journal, ne pou-vait aucunement représenter mon ami. Or, l'ex-Ministre tenait essentiellement à entrer dans l'administration du *Voltaire*, et cela sans bourse délier.

Comment faire pour trancher la difficulté ? Avec des hommes à expédients comme le député de Toulouse, c'était bien simple ; aussi trouva-t-il le moyen, si j'ai été bien informé, de pénétrer gratis dans la place et de s'y installer pour ainsi dire en maître et en directeur occulte et omnipotent.

Dans sa lettre du 11 février, dont j'ai communiqué plus haut le texte, mon ami, en m'annonçant qu'il s'était enfin décidé à acheter les soixante actions du *Voltaire*, s'était bien gardé de me dire que c'était au dessert d'un déjeûner offert par Lafitte chez Brébant, et auquel avait nécessairement assisté M. Constans, qu'il avait fini par engager sa parole.

Mr. P... G... avait surtout omis de me faire savoir qu'il avait consenti à céder vingt titres à l'ex-Ministre de l'Intérieur afin de lui permettre d'entrer au journal comme actionnaire, et de pouvoir en cette qualité faire partie du comité administratif. Ce n'est que plus tard et par la force des choses qu'il se trouva obligé de me faire cette confidence, ainsi que je l'expliquerai plus loin.

Donc, une transaction verbale avait eu lieu chez Brébant entre le trop confiant industriel et le sieur Lafitte, sous les yeux de l'ex-vidangeur Constans. Toutefois, comme Mr. P... G... ne s'était pas empressé de verser les fonds dont avait un si pressant besoin le directeur du *Voltaire*, dans l'espoir que je pourrais peut-être empêcher encore la réalisation de cet odieux contrat, n'avais-je pas cessé de lui conseiller de retirer sa parole.

Mais celui-ci m'écrivit, le 8 avril, ce qui suit :

" Mon cher ami,

" ...... J'aurais pu répondre à certaines parties de vos lettres...,
" je le ferai de vive voix pour la question *Voltaire*, au sujet de laquelle
" je ne vous ai fait *aucun reproche*, atttendu que le tout a été *fait par*
" *moi seul.* "

Je compris après cette communication que je n'avais plus à intervenir, et que l'affaire était bien arrêtée dans l'esprit de Mr. P... G...

Le 14 avril, en effet, il revoyait M. Constans, et son entrevue avec ce tripoteur avait été décisive, puisque le 19, il me faisait savoir ainsi qu'il suit que tout *était consommé :*

" 19 avril 1882.

" Mon cher ami,

" Je viens d'envoyer un chèque de 15,000 fr. (quinze mille francs)
" à M. Lafitte. Comme vous le savez, mon idée première était de
" vous écrire pour le voir et lui dire que M. Constans lui remettrait
" lui-même la somme ; mais lui ayant écrit que je lui enverrais cela
" le 20 courant, je n'ai pas voulu manquer à ma parole... "

Après avoir reçu les quinze opportuns billets de banque, le direc-

teur du *Voltaire* ne perdit pas de temps pour démontrer à Mr. P... G...
qu'il le regardait comme un actionnaire très sérieux. En effet, il lui
envoyait quelques jours après une lettre de convocation pour une réu-
nion du conseil d'administration, lequel devait s'occuper de quelques
modifications à apporter aux statuts.

Or, comme toujours, mon ami avait cru devoir, en cette circonstance, recourir à mes bons offices, et voici ce qu'il m'écrivait le 23 avril :

"Mon cher ami,

"Vous trouverez ci-inclus une lettre que je reçois aujourd'hui et
qui m'embarrasse fort.

"J'aurais voulu me faire représenter comme c'était convenu, par
M. Constans; mais comme je ne sais pas au juste s'il est actionnaire,
il faudrait lui écrire, lui envoyer la lettre ci-jointe, ainsi que la feuille
des statuts à modifier...et il verra ce qu'il *veut faire*, ou, en tout cas,
ce que je dois faire..."

Je répondis à Mr. P... G... que M. Constans n'étant pas à Paris,
ce qu'il avait de mieux à faire, puisqu'il ne pouvait venir lui-même,
c'était d'envoyer une procuration au directeur du *Voltaire* ou de faire
simplement défaut.

Mais le 25, il m'envoyait directement son pouvoir, en me priant
de le remettre moi-même à Lafitte, et en me disant qu'il n'était pas
fâché que je me misse en rapport avec cet ami de Gambetta, et que
plus tard il m'expliquerait pourquoi (*sic*).

Donc le lendemain, 26 avril, vers onze heures, je me rendis au
siège du *Voltaire*, où je fus reçu sur-le-champ, après avoir fait dire
au directeur que j'avais à l'entretenir de la part de Mr. P... G...

A ce moment le nom de mon ami était un véritable talisman dans
les bureaux du journal du faubourg Montmartre ou, pour mieux dire,
dans l'antichambre du cabinet directorial.

Les quinze mille francs reçus quelques jours auparavant étaient
encore tout chauds dans la caisse qu'ils avaient trouvée à peu près
vide, et il est aisé de comprendre l'influence que pouvait alors avoir
celui qui en avait fait le versement avec tant d'*opportunité*·

Aussi M. Lafitte, que je ne connaissais pas personnellement,
mais que j'avais rencontré souvent dans les antichambres de l'hôtel
Beauvau, où il venait quémander les croix de la Légion d'honneur,
qu'il a fini par obtenir de l'hypocrite Fallières, Lafitte, dis-je, me
reçut-il avec un certain empressement et, après m'avoir tendu la main
et m'avoir prié de m'asseoir, il me demanda, quoiqu'il le connût parfaitement, le motif de ma visite.

Je lui remis le pouvoir que m'avait envoyé Mr. P... G..., et après
avoir échangé quelques mots relativement au mandat dont il l'investis-
sait, je crus devoir saisir brusquement le taureau par les cornes, et
aborder carrément la question qui seule préoccupait mon mandant et
au sujet de laquelle il avait cru utile d'acquérir soixante actions que
lui avait si *obligeamment* cédées mon interlocuteur.

Je dis donc à M. Lafitte qu'en achetant les soixante actions, Mr. P... G... n'avait eu·pour but que de s'assurer l'appui du *Voltaire* et celui de son directeur auprès du Gouvernement, afin d'obtenir au plus tôt une faveur spéciale qu'il avait sollicitée et qui lui avait été formellement promise par M. Constans, et qu'il comptait bien sur ce concours pour activer la solution de cette affaire.

M. Lafitte me répondit que mon ami pouvait dormir sur les deux oreilles à ce sujet, parce qu'il était bien résolu à ne négliger aucune occasion de recommander sa requête qu'il était sûr de faire aboutir avec succès, grâce à la puissante protection de Gambetta, par qui il espérait la faire apostiller. En même temps, il me fit pressentir que son journal, qui allait subir une transformation, aurait bientôt besoin d'une nouvelle *mise de fonds* de la part de ses actionnaires, et qu'il comptait bien que Mr. P... G... contribuerait largement à cette augmentation du capital social.

Mais si M. Lafitte était sincère en m'annonçant qu'il ne tarderait pas à faire un nouvel appel à la bourse de Mr. P... G..., il l'était beaucoup moins quand il m'affirmait qu'il allait tout tenter pour faire donner satisfaction à la demande que ce dernier avait adressée au Gouvernement.

En effet, ce malin compère qui sollicitait alors ardemment la croix de la Légion d'honneur avait trop besoin personnellement de l'appui du Ministère et de celui du Grand Maître de la bande opportuniste pour réclamer quoi que ce fût en faveur de mon ami, de ce naïf actionnaire du *Voltaire* qui payait cinq cents francs des actions dont la valeur réelle était absolument hypothétique.

M. Lafitte me déclara aussi que M. Constans n'était pas encore actionnaire du journal, et qu'il le regrettait vivement en raison de l'influence politique et parlementaire que lui avait laissée l'exercice du pouvoir, et il m'exprima la pensée que Mr. P... G... ferait bien de tenir sa promesse, en abandonnant gracieusement à l'ex-Ministre vingt titres, afin qu'il pût entrer dans le conseil d'administration et y avoir une action prépondérante.

Je lui promis d'en parler à mon ami, mais je n'en fis rien.

Toutefois, Mr. P... G..., séduit par toutes les promesses qui lui étaient faites, sollicité de tous côtés, et dominé surtout par cette idée, qu'il ne devait reculer devant aucun sacrifice en faveur de ceux qui s'étaient formellement engagés à lui faire accorder la distinction qu'il avait demandée, n'aurait pas tardé, d'après ce que je sus plus tard, de transférer à l'ex-pompier de Toulouse les vingt actions qui allaient lui donner le droit de prendre place parmi les membres du comité administratif.

Je crois pouvoir mettre M. Constans et M. Lafitte au défi de me démentir, et je m'empresse d'ajouter que ce tour de passe-passe fut joué à mon insu et que ce ne fût qu'en raison de circonstances exceptionnelles, dont je ferai ailleurs la communication au lecteur, que mon ami se trouva obligé de m'en faire la confidence.

M. Lafitte était donc arrivé à ses fins puisque, grâce à cette largesse de Mr. P... G..., il put introduire dans le comité administratif du *Voltaire* l'ex-Ministre de l'Intérieur, ce compère aussi habile que peu scrupuleux dont le concours actif, il le croyait du moins, ne pouvait qu'affermir sa situation personnelle et qui est devenu tout récemment le directeur politique du journal.

Toutefois, ce malin opportuniste, à demi satisfait, ne perdait pas de vue ses intérêts matériels, et ayant à cœur de toucher les quinze mille francs qui lui étaient encore dus par mon ami sur les soixante actions qu'il lui avaient vendues, il avait soin de les lui réclamer dans le courant du mois de juillet 1882 par une lettre motivée que j'ai eue plus tard sous les yeux, et dont les termes, sans être impérieux, étaient assez fermes pour indiquer à Mr. P... G... qu'il devait s'exécuter sans délai.

Voici, d'ailleurs, ce que celui-ci m'écrivait à ce sujet le 3 août:

" Mon cher ami.

"J'ai reçu, il y a environ douze à treize jours, une lettre de M. Lafitte, me réclamant le montant de ce qui lui reste dû (je copie textuellement).

"Comme M. Constans m'avait dit de ne rien faire sans lui en parler, j'ai répondu à Lafitte que j'envoyais sa lettre en communication à l'ex-Ministre et que j'attendrais sa réponse pour le fixer...ce que j'ai fait... J'attends toujours la réponse de M. Constans. Si vous le voyez, parlez-lui en, afin que je sache à quoi m'en tenir; comme je n'ai agi que *sur son instigation*, j'ai besoin qu'il me dise ce qu'il faut faire...etc., etc."

C'est à Trouville, où j'étais alors en villégiature, que me parvint cette lettre. Je ne pus donc voir M. Constans et l'interroger sur les réclamations de M. Lafitte. Mais j'ai su que Mr. P... G... avait été obligé de verser entre les mains du directeur du *Voltaire* quinze autres mille francs pour libérer entièrement les soixante actions qu'il en avait reçues et dont vingt, ainsi que je l'ai dit plus haut, auraient été transférées par lui au tripoteur toulousain.

Et voilà comment M. Lafitte a pu se débarrasser avantageusement d'une partie de ses actions, et comment M. Constans aurait pu devenir actionnaire du *Voltaire*!!!

On m'assure que ces deux sinistres compères s'en frottent encore les mains et continuent à faire des gorges chaudes de la crédule naïveté de Mr. P... G...

Ils en sont bien capables! N'est-ce pas, aimable lecteur?

Mais cela n'est rien à côté des manœuvres intéressées dont fut la victime Mr. P... G..., et des sacrifices qu'il se trouva obligé de faire avant de pouvoir obtenir la distinction qu'il ambitionnait, manœuvres et sacrifices auxquels j'initierai le lecteur dans mon *Histoire d'une décoration*.

UN AUTRE PROSCRIPTEUR

L'incorruptible Germain Casse

Le 29 mai de la présente année, le journal l'*Autorité*, sous le titre *Un pur de l'opportunisme*, a publié sur ce député fantoche l'entrefilet suivant :

"Le citoyen Germain Casse qui, dans le *Voltaire*, demande au nom des intérêts de la République l'expulsion des princes d'Orléans, fut autrefois un radical à tous crins et l'ami des héros de la Commune. Il les lâcha pour entrer à la *République Française*, où, moyennant trois cents francs par mois, il rédigea le compte-rendu des séances de la Chambre.

" A cette époque il était peu fortuné et n'avait que sa place pour lui et sa famille.

" En 1879, il fut élu député du xive arrondissement dans une élection partielle, et en 1881, aux élections générales, il se représenta en concurrence avec M. Alphonse Humbert, directeur, sous la Commune, du *Père Duchêne*. La lutte fut épique entre l'opportuniste converti et son ancien ami.

" Humbert, dans les réunions publiques, reprocha au citoyen Casse d'avoir, depuis deux ans qu'il était député, amassé (?) une fortune de VINGT MILLE FRANCS DE RENTES. Casse nia le fait avec énergie et accusa les réactionnaires d'être les inventeurs de ces brüits calomnieux, disant que jamais — il le jurait — *il n'avait reçu d'argent*. Son adversaire le cloua en lui citant l'origine gambettiste de sa fortune.

" En présence de ces révélations, Casse le pria de s'arrêter, s'avouant vaincu. Ces discussions ignobles pour l'opportuniste furent affichées dans tout l'arrondissement, ce qui n'empêcha pas le candidat officiel Casse d'être élu, au contraire... "

Dans son numéro du 11 juillet, l'*Autorité* ressaisissant par la vaillante plume de M. Albert Rogat, le ridicule président de la Commission de Panama, a fait paraître un article dont j'extrais les passages les plus importants :

"Nous avons déjà dit, écrit M. A. Rogat, combien il était fâcheux que de graves intérêts financiers fussent mis entre les mains de gens trop jeunes pour invoquer un long passé d'honneur et de probité et qui ne présentent aucune surface.

"Ces observations s'appliquent tout naturellement à M. Germain Casse, qu'on n'a pas craint de nommer président de la commission parlementaire du Canal de Panama. M. Casse, avec toute la considération que nous lui devons, est un bohême crasseux que personne ne s'attendait à voir mettre en telle situation.

" Si on déplore que les finances de la ville de Paris soient gérées par les va-nu-pieds du Conseil municipal, on a autant raison de s'étonner que des intérêts aussi considérables que ceux qui se rattachent à la question du Canal de Panama puissent être tranchés par des gens tout au plus en possession d'un domicile certain.

" Aussi qu'est-il arrivé ? M. Andrieux a pu avec toutes les raisons du monde reprocher à M. Casse : 1° d'avoir de son autorité privée, contrairement à tous les usages parlementaires, fait une démarche auprès de M. de Freycinet ; 2° d'avoir envoyé à la presse une note qualifiée par lui de procès-verbal de la séance de la commission.

" M. Casse a répondu à M. Andrieux qu'il avait agi dans le but le plus loyal (!) et qu'il se croyait, d'ailleurs, à l'abri de toute accusation d'agiotage (! !)."

Or, je viens compléter les renseignements fournis par le très estimable journal de M. Paul de Cassagnac sur la pureté, l'incorruptibilité et la surface de Germain Casse, en initiant mes lecteurs à certaines compromissions auxquelles avait consenti, à une certaine époque, ce nègre de la Guadeloupe, compromissions dont il aurait tiré un assez joli profit, sans des circonstances absolument indépendantes de sa volonté.

Voici ce dont il s'agit :

Vers la fin de l'année 1879, un boursicotier aussi habile qu'audacieux qui habitait alors une maison située dans la rue Taitbout, entre les boulevards et la rue de Provence, conçut l'idée, quoique bonapartiste, de créer une banque populaire et socialiste destinée à recevoir et à faire prospérer l'épargne des travailleurs.

Ce perspicace agioteur, que je désignerai tout simplement par les initiales G. C., comprenant qu'il ne pourrait organiser ce comptoir de crédit qu'avec le concours de sénateurs et de députés possédant la confiance des électeurs de Montmartre et de Belleville, avait eu le soin de se faire présenter à M. Tolain à qui il avait soumis son plan et qui lui avait promis de patronner son entreprise.

M. Toulain s'était même engagé à lui fournir aussi l'appui de MM. Dréo et Greppo.

Mais comme Mr. G... C... ne pouvait point lancer sa circulaire, annonçant la formation de ladite banque populaire, avant d'avoir complétement formé son conseil d'administration ; il dut faire rechercher, parmi les membres du Parlement, des personnages assez complaisants et assez élastiques pour accepter d'en devenir membres, dans des conditions avantageuses à leurs propres intérêts.

J'avais connu Mr. G... C... à la Bourse où j'avais eu l'occasion de remarquer ses aptitudes financières et les merveilleuses ressources de son imagination et de son habileté en tout ce qui touchait aux opérations de banque et de crédit. Il m'avait même servi d'intermédiaire dans quelques circonstances dont j'avais tiré profit ; aussi se trouvait-il vis-à-vis de moi dans les meilleurs termes, au moment où il s'occupait d'organiser son comptoir socialiste.

Sachant que je connaissais parfaitement le monde parlementaire et que mieux que personne je pourrais lui désigner les affamés capables de prêter leur nom moyennant une rémunération suffisante, à une entreprise quelconque, quel qu'en fût le but et quel que pût en être le résultat, Mr. G... C... vint me prier de le diriger dans ses recherches, ou mieux de découvrir les *incorruptibles* dont il avait besoin.

Mr. G... C... me déclara qu'il était tout disposé à offrir à chaque administrateur de sa banque cinquante mille francs d'actions libérées et des jetons de présence, et qu'il m'autorisait, si je voulais bien lui servir, à mon tour, d'intermédiaire, à acquérir, à ces conditions, les membres de son conseil d'administration.

J'acceptai cette mission aussi bien pour être utile et agréable à Mr. G... C... que pour me rendre bien compte de la vénalité de certains députés qui m'avaient été désignés comme capables de souscrire pour de l'argent à toute sorte de compromissions.

Or, je pensai qu'avant de me mettre en campagne auprès de certains personnages dont les dispositions, d'après les notes confidentielles que j'avais reçues, me paraissaient douteuses, je pouvais m'adresser à coup sûr à MM. Auguste Bouchet, Germain Casse, Chavannes et Cantagrel, qui m'avaient été signalés comme de véritables tripoteurs.

Je m'empresse de déclarer que Mr. Cantagrel, que j'eus l'honneur de voir chez lui, rue Vivienne, le 26 novembre, et Mr. Chavannes, à qui j'avais fait une visite, le 21, après avoir presque consenti à faire partie du conseil d'administration de la Banque populaire, finirent par décliner mes offres, en s'appuyant sur des motifs divers dont je parlerai probablement dans une autre partie de mes *Mémoires*.

Quant à l'*intègre* A. Bouchet, il va sans dire qu'il accepta de grand cœur mes ouvertures et qu'il se montra tout prêt à souscrire à toutes les conditions que Mr. G... C... voudrait imposer à sa complaisance.

Mais je reviens au proscripteur Germain Casse.

Le 8 octobre 1879, vers cinq heures, je me rendis à St-Mandé, où habitait alors l'ex-député de la Guadeloupe, pour lui transmettre les propositions de Mr. G... C... au sujet de la Banque populaire.

Quand j'arrivai à son domicile, M. Germain Casse n'était pas encore revenu de la Chambre et je fus reçu par Mme Casse qui voulut bien me permettre d'attendre son mari dans la salle à manger.

L'ex-reporter de la *République Française* rentra bientôt, et après m'avoir témoigné sa surprise de me trouver chez lui à pareille heure, il me demanda, avec ce bruyant sourire et ce regard jovial et bonhomme, presque naïf, que tout le monde connaît dans le journalisme et dans le monde parlementaire, il me demanda, dis-je, de lui expliquer les motifs de ma visite que rien n'aurait pu lui faire prévoir.

Je mis, en quelques mots, ce gros garçon au courant de l'affaire en question, en faisant bien miroiter à ses yeux les cinquante mille francs d'actions libérées et les jetons de présence, et sans aucune hésitation, il me déclara sur-le-champ qu'il acceptait tout, en ajoutant qu'étant lui-même *radical-socialiste*, il se trouvait naturellement enclin à prêter à la Banque populaire le concours de son nom et celui de son influence parlementaire.

M. Germain Casse ne perdit pas de temps, et le 14 octobre, c'est-à-dire quelques jours après notre entrevue, il se rendait à la rue Taitbout, chez M. G... C..., à qui il confirmait son adhésion.

Le jour même, je recevais de Mr. G... C... une lettre dans laquelle il me disait ce qui suit : ...*J'ai vu M. G. Casse ; il consent à entrer dans le conseil de la Banque ; il va se mettre en relation avec M. Tolain*, etc.

Dans une autre lettre, à la date du 4 novembre, Mr. G... C... écrivait :

...*J'ai vu M. Casse ce matin ; il a signé les statuts...* etc.

Le 24 novembre, vers onze du matin, je trouvai Germain Casse chez M. G... C... avec qui il devait déjeuner.

" Tout est terminé en ce qui me concerne, me dit-il en m'apercevant ; il ne manque plus que la signature de quelques membres retardataires, et le conseil d'administration sera formé. Nous allons donc boire au succès de la Banque populaire... "

Mais cette Banque, par suite de diverses circonstances qu'il n'est pas utile de relater, ne vit jamais le jour, au grand déplaisir sans doute de M. Germain Casse.

Tel est l'homme que des collègues aussi simples que peu clairvoyants avaient choisi pour présider la Commission de Panama, et dont l'ex-policier Andrieux, cet ex-protecteur du Crédit provincial, cet ami du célèbre Zelinski (honni soit qui mal y pense), a cru devoir faire soupçonner publiquement l'indépendance et l'intégrité.

A entendre M. Andrieux, il aurait suffi à Mr. de Lesseps d'y mettre le prix pour obtenir le concours absolu du président de la Commission de Panama.

C'est là une question à débattre entre l'incorruptible Germain Casse et l'outrecuidant ex-policier !

UNE EXPLICATION NÉCESSAIRE

ET

UNE QUESTION AU SIEUR GRANET

M. Constans, l'ambassadeur plus qu'extraordinaire de la République française en Chine, doit s'embarquer le 18 juillet, à Marseille, pour Pékin.

Outre sa famille et ses domestiques, ce très odoriférant diplomate emmène, dit-on, avec lui MM. Souchart, premier secrétaire d'Ambassade ; Caubert, élève-interprète ; et Gérard, ancien élève de l'Ecole polytechnique, qui fait partie de l'administration des Postes et Télégraphes, en qualité d'ingénieur.

Pourquoi M. Gérard, si toutefois c'est M. Albert Gérard ?

Je comprends à la rigueur que M. Granet ait attaché à son ministère ce jeune homme, à peine âgé de vingt-cinq ans, et cela en souvenir des soupers fins que lui a offerts son père, M. Paulin Gérard, soit chez Durand, en ma compagnie, soit dans une maison tierce de la rue de la Paix, en compagnie de gens dont j'aurai à m'occuper plus tard.

Cela prouve qu'à défaut d'autres qualités, le sieur Granet possède au moins la reconnaissance de l'estomac.

Mais je me demande quels services ce jeune ingénieur des Postes et Télégraphes pourrait rendre dans la capitale du Céleste-Empire ?

Je ne pense pas, en effet, que M. Contans aille extraordinairement en Chine pour faire établir des fils télégraphiques entre Paris et Pékin, ce qui ne motiverait point les quatre-vingt mille francs d'appointements que, dans sa haute bienveillance et dans son empressement à le faire partir pour des *lieux* très lointains, lui a fait octroyer l'honorable M. de Freycinet.

Donc, en se faisant accompagner de l'ex-polytechnicien Albert Gérard, que je connais parfaitement et que j'ai eu le plaisir de recevoir chez moi, à Paris et à Trouville, cette singulière Excellence fournirait tout simplement à ce jeune homme l'occasion d'accomplir un voyage d'agrément aux frais de l'Etat.

M. Albert Gérard, par suite de diverses circonstances auxquelles j'ai été mêlé et que je ferai connaître, a épousé, il y a deux ans, la fille de M. Galtié, alors préfet de l'Hérault, actuellement préfet de l'Eure, lequel est *neveu germain* de Mme Constans ; or, c'est jusqu'à présent son seul titre aux faveurs gouvernementales.

Comme on le voit, tout s'explique.

Mais, cela est-il bien régulier et bien conforme aux usages diplomatiques, et cet audacieux népotisme doit-il être permis ?

Telle est la question que je prends la liberté d'adresser au wagon Granet.

WALDECK-ROUSSEAU

(*Suite.*)

Mme Edmond Adam. — L'Election du Major Labordère. — Agitations Révolutionnaires. — Le Scrutin de Liste. — L'Agonie du Grrrrand Ministère.

" C'est probablement là l'opinion de MM. Wilson et de Marcère,' expectora ironiquement l'outrecuidant ministricule que j'avais devant moi ; puis, comme je gardais le silence, il ajouta qu'il m'autorisait à dire à ces deux députés, si je les revoyais, que le scrutin de liste se portait très bien et que, si le Cabinet n'avait pas d'autre maladie, il était, alors, assuré de vivre très longtemps.

Je lui répondis que je n'avais pas l'honneur de voir M. Wilson, que M. de Marcère ne m'avait point tenu les propos que je venais de lui transmettre, et qu'il ne m'était pas permis de lui faire connaître le nom du personnage considérable qui en cette circonstance n'avait été, selon moi, que l'écho de l'opinion générale.

Waldeck fit une horrible grimace, se mordit les lèvres, frisa nerveusement ses moustaches, puis, changeant de conversation, il me demanda si je savais ce qu'on pensait dans le monde diplomatique du voyage de Mme Edmond Adam à St-Pétersbourg.

Je lui répondis que d'après un certain F..., réfugié prussien que je mets en scène dans une autre partie de mes mémoires, on croyait, à l'Ambassade allemande, que la gracieuse directrice de la *Nouvelle Revue,* dont tout le monde connaissait les relations avec le grand duc Constantin, n'était allée en Russie que sur l'invitation de M. Gambetta pour y ménager un accord avec le Gouvernement républicain sur les questions qui occupaient alors l'Europe.

Je lui dis aussi que ce réfugié avait ajouté qu'on affirmait dans le monde diplomatique que Mme Ed. Adam passait aux yeux des Cours étrangères pour être un intermédiaire très habile entre les deux Gouvernements et que c'était ainsi, ce que je ne croyais pas d'ailleurs, au dire de certaines mauvaises langues, qu'elle pouvait acquérir les moyens de subvenir à ses énormes dépenses qui dépassaient de beaucoup ses revenus.

Le Grrrrand Ministre haussa les épaules, fit une moue dédaigneuse, comme pour m'intimer que je venais d'émettre une bêtise, puis sans contredire ce que je venais de lui communiquer, sans faire même la moindre observation, il me pria de lui transmettre les autres renseignements que je pouvais avoir recueillis sur la situation générale.

Alors, pour corriger son outrecuidance, et pour infliger une leçon à son orgueil qu'égalait seule son ignorance, je lui appris, et cela en parlant très lentement et en accentuant bien tous mes mots :

" Que tandis que le Ministère perdait son temps à lutter contre les intrigues de couloirs et à rechercher les éléments d'une majorité parlementaire, M. de Bismarck sapait lentement la politique française en Turquie par l'intermédiaire de son ambassadeur, prêtait des officiers allemands à l'armée turque, et faisait aussi diriger par des Allemands les finances de l'Empire ottoman ;

" Que d'après les personnages politiques des divers partis avec lesquels je m'étais entretenu, c'était de ce côté qu'il fallait regarder parce que c'était de là que pouvait venir l'étincelle qui allumerait une nouvelle guerre ;

" Qu'il était évident pour tous que l'accord qui existait entre la France et l'Angleterre en ce qui touchait à l'Egypte ne durerait pas et ne pouvait dans tous les cas qu'augmenter le danger ;

" Que l'Allemagne, d'ailleurs, suivait très attentivement la politique gouvernementale de M. Gambetta, et n'était pas indifférente aux manifestations qui se produisaient contre lui aussi bien parmi les républicains modérés que dans le camp révolutionnaire ;

" Que je pensais qu'il était utile et nécessaire pour le Ministère d'ouvrir les yeux, de suivre lui aussi les agissements du chancelier prussien, et de laisser un peu de côté les intérêts particuliers du Cabinet pour s'occuper des intérêts généraux du pays."

Cette fois, ce crétin, qui m'avait écouté avec la plus grande attention, et avait fait tous ses efforts pour me comprendre, loin de répondre à mes communications par le sourire incrédule et ironique qui lui était habituel, voulut bien me dire que tout cela était grave et qu'il allait en parler sans tarder au Président du Conseil.

J'aurais voulu, à mon tour, pouvoir hausser les épaules devant l'ahurissement de ce piteux Ministre que les opportunistes regardent comme un homme de Gouvernement, mais comme tout me défendait cette expression de mon dédain, je me contentai de me gaudir intérieurement de l'atteinte que je venais de porter à sa cécité politique et à son incapacité.

* * *

Je ne revis Waldeck-Rousseau que le 10 janvier. Je trouvai ce pleutre très déconfit par l'élection du major Labordère que, malgré les articles optimistes du *Voltaire* et de la *République française*, il regardait, me dit-il, comme un véritable échec pour l'opportunisme en général et pour M. Gambetta en particulier.

Le Ministre se montra aussi très ennuyé de la manifestation qui avait été tentée l'avant-veille, en l'honneur de Blanqui, et qui lui paraissait n'être que le prélude de mouvements révolutionnaires plus importants.

Or, comme je lui fis remarquer que toutes ces tentatives anarchiques et socialistes, ainsi que toutes les extravagances de Louise Michel, ne devaient qu'effrayer les populations et les rapprocher du gouvernement qui seul pouvait les rassurer et les défendre contre de tels excès démagogiques, Waldeck me déclara que si l'élection de Labordère était un véritable scandale, une atteinte à la discipline de l'armée, un coup droit porté au Cabinet ; d'autre part, le Gouvernement avait la ferme volonté de réprimer, même par la force, les démonstrations communardes, si elles venaient à se reproduire, et à ne pas permettre qu'une échauffourée quelconque pût se traduire en une révolution.

" Faites surveiller très particulièrement Rochefort, ajouta le Ministre ; ce vaurien est, sans doute, l'instigateur secret de tous ces mouvements du parti révolutionnaire ; mais, suivant sa prudente habitude, il agit dans l'ombre, lance la pierre et cache le bras. Rochefort, cet organisateur émérite d'émeutes, a toujours eu le soin de manquer à tous les rendez-vous assignés par lui à ses coreligionnaires politiques, pour manifester contre tous les gouvernements qu'il a combattus. Son courage s'est constamment arrêté au bout de sa plume ; *suivez-moi, mais marchez devant*, tel est la devise de ce très prudent Don Quichotte qui se moque si impudemment de ses lecteurs et des naïfs qui croient à sa bonne foi politique et à la sincérité de ses convictions."

Je me contentai de répondre à Waldeck que je ferais suivre les agissements du directeur de l'*Intransigeant*, dont je connaissais depuis longtemps, d'ailleurs, toutes les intrigues, l'inconsistance politique, ainsi que le très élastique sens moral, et que dès que j'aurais pu me procurer sur son compte les renseignements dont il avait besoin, je ne manquerais pas de les lui communiquer.

Comme je me retirais, le Ministre me pria d'enjoindre à Mme V... de se renseigner auprès de M. Fourneret, de l'effet qu'avait produit la réélection de M. de Freycinet, et du degré de la satisfaction qu'en avaient, sans doute, ressentie MM. Grévy et Wilson, en ajoutant que, quant à lui, il regrettait le succès de cet ami de l'Elysée, qui n'était, comme homme politique, qu'un fourbe et un ambitieux, et qui ne pouvait manquer de devenir un instrument passif des intrigues de Monsieur Gendre, et un obstacle au développement de la politique opportuniste.

Le 11 janvier, vers six heures, j'eus l'honneur de voir M. Lepère chez lui, boulevard de Courcelles, n° 13. L'honorable ancien Ministre qui était justement revenu la veille de son département, voulut bien me dire que les actes récents du Ministère, et surtout la nomination de M. de Miribel et de M. Weiss, avaient profondément mécontenté les républicains de l'Yonne, et que ceux-ci, comme, d'ailleurs, tous les républicains sincères de la France entière craignaient que Gambetta par ses vélléités autoritaires, ses fautes et ses excès de pouvoir, ne compromît le sort de la République.

M. Lepère ajouta que le président du Conseil aurait dû se borner à soulever la question de la revision du Sénat, et remettre à plus tard celle du scrutin de liste, qui allait sûrement diviser le parti républicain et dont la discussion, il le croyait, ne pouvait que causer la chute du Ministère.

Le soir du même jour, je ne manquai pas de me rendre à l'hôtel Beauvau et de faire part à Waldeck des impressions qu'avait recueillies son prédécesseur touchant la politique ministérielle, et de l'opinion qu'il m'avait manifestée sur l'instabilité du Cabinet.

Comme à l'ordinaire, Rousseau haussa les épaules, mordilla nerveusement sa moustache; puis, après avoir laissé glisser entre ses lèvres le sourire sardonique et insolent dont il est coutumier, il me dit tout simplement que M. Lepère était un niais !

* * *

Le 12 janvier, Waldeck, à qui j'avais rendu compte de certaines conversations de divers membres de la Chambre, auxquelles j'avais pris part, et à qui j'avais fait connaître combien l'ex-Préfet de Police, Andrieux, M. Wilson, M. Ribot et M. de Marcère s'agitaient pour organiser une majorité d'opposition au projet revisioniste, Rousseau dis-je, après m'avoir déclaré que Gambetta et tous les membres du Cabinet se souciaient fort peu des efforts tentés par ces pigmées politiques, qui s'imaginaient former de concert une puissance parlementaire, voulut bien me communiquer le plan de conduite que le président du Conseil avait conçu, et qui devait être suivi aussi bien à la Chambre qu'au Sénat, au cours de la discussion du projet revisioniste.

Ainsi, en ce qui touchait à la revision en général, il avait été décidé, en Conseil des Ministres, que le projet serait envoyé en même temps à l'une et l'autre Chambre.

La question du scrutin de liste ayant dans ledit projet une plus grande importance que les modifications à apporter dans la Constitution de la Chambre haute, le Gouvernement avait unanimement décidé de poser nettement la question de Cabinet au moment de la discussion à laquelle elle allait donner lieu.

M. Gambetta, d'après le Ministre, avait résolu de jouer son va-tout sur la question revisioniste, et se trouvait tout disposé à donner sa démission s'il venait à éprouver un échec.

Waldeck, après m'avoir fait cette très importante communication, ayant ajouté qu'il m'autorisait à ne pas la garder secrète, qu'il me priait même de la répandre dans les couloirs du Parlement, il fut évident pour moi que le président du Conseil et ses collègues ne voulaient qu'effrayer les Chambres par la menace d'une nouvelle crise ministérielle, et tâcher par ce moyen de rallier à la cause de la revision les indécis et les timorés qui ne s'étaient pas encore engagés à fond dans les rangs de l'opposition.

Aussi, je me gardai bien de tomber dans ce piège ; et ce n'est ni par moi ni par mes collaborateurs que fut connue, dès le lendemain, dans le monde politique et parlementaire, la résolution qu'avait prise le Cabinet.

M. Wilson qui avait été mis au courant de ce qui s'était passé au Conseil, ne manqua pas d'en profiter pour affermir les tièdes, auxquels il fit entrevoir la retraite à peu près certaine de Gambetta, et pour amener de nouvelles recrues parmi les adversaires du scrutin de liste.

Ainsi fut manqué le but que s'était proposé le Ministère en faisant prévoir que sa démission serait la conséquence certaine d'un échec dans le débat de la question de la revision ; et je crois pouvoir affirmer que c'est au colportage de cette nouvelle que fut dû en partie le vote par lequel la majorité, quelques jours plus tard, repoussa le rétablissement du scrutin de liste que voulait lui imposer Gambetta.

Le samedi, 14 Janvier, le président du Conseil déposa à la tribune de la Chambre le projet du Gouvernement relatif à la revision des lois constitutionnelles. On se souvient que la majorité des députés écouta assez froidement l'exposé de motifs que l'ex-Dictateur lut avec un certain acharnement, en soulignant les intentions, en accentuant les mots et en répétant les périodes, comme s'il avait voulu jeter un défi au Parlement.

Ce document filandreux, trop long, ennuyeux, presque maussade, indigne d'un Gouvernement, avait absolument mécontenté la Chambre, qui après s'être montrée impatiente et grondeuse, avait fini par bailler et par dormir.

Réveillée par quelques maigres applaudissements qui avaient accueilli la terminaison de cette élucubration ministérielle, la droite s'était mise à éclater de rire, l'extrême-gauche avait ricané et la majorité était restée silencieuse.

Il était évident que la bataille avait été mal engagée et tout semblait déjà faire présager qu'elle serait perdue par le président du Conseil.

Le dimanche, 15, je me rendis, de bonne heure, à l'hôtel Beauvau où Waldeck m'avait donné rendez-vous, afin que je pusse lui communiquer les impressions que j'aurais recueillies auprès des députés, avant, pendant et après la lecture du projet de loi.

Je trouvai le Ministre assez nerveux ; contrairement à son habitude, au lieu d'être assis dans le fauteuil officiel, il se promenait de long en large dans son cabinet, les mains derrière le dos, et serrant fiévreusement entre ses lèvres une cigarette qu'il avait oublié d'allumer.

"Eh bien ! où en sommes-nous, M. d'A..., me dit-il, en laissant échapper sa cigarette et en s'efforçant de sourire ?"

"Nous ne sommes pas près de la victoire, lui répondis-je, en essayant de prendre un air presque contrit et en m'efforçant de cacher le plaisir que me causaient son dépit et son courroux que malgré tous ses efforts il ne parvenait pas à cacher."

"La situation est grave, continuai-je, et si l'attitude de la Chambre n'avait démontré hier combien la majorité semblait disposée à rejeter le projet revisioniste, les journaux républicains que je viens de lire indiqueraient au moins que l'opinion publique est bien prête à se prononcer non seulement contre le scrutin de liste, mais encore contre M. Gambetta."

"On dirait, ajoutai-je, que le monde politique est absolument agacé par cette question de la revision dont il regarde la discussion comme inopportune, et tout semble faire prévoir que pour sortir de ce cauchemar parlementaire la majorité se verra obligée de renverser le Cabinet. Telle est, du moins, l'opinion générale."

"Soit, exclama alors Waldeck ; que la Chambre nous renverse, si elle le veut ; mais elle ne tarderait pas à s'en repentir, car nous serions vengés par l'insuffisance même de nos successeurs (*sic*). Mais cela n'est pas possible, à moins que la majorité ne devienne parjure et manque à tous ses engagements envers le président du Conseil. C'est pourquoi je ne crains absolument rien."

Et là-dessus, ce fanfaron me pria de le laisser seul, en m'enjoignant de suivre plus attentivement que jamais les agissements de MM. Andrieux, Wilson, Ribot et de Marcère, et de revenir le voir le lendemain.

(*A suivre.*)

BIBLIOTHÈQUE R. F. IMPRIMÉS

SOMMAIRE

DE LA SEPTIÈME LIVRAISON

www.ingramcontent.com/pod-product-compliance
Lightning Source LLC
Chambersburg PA
CBHW061616050726
47595CB00007B/2981